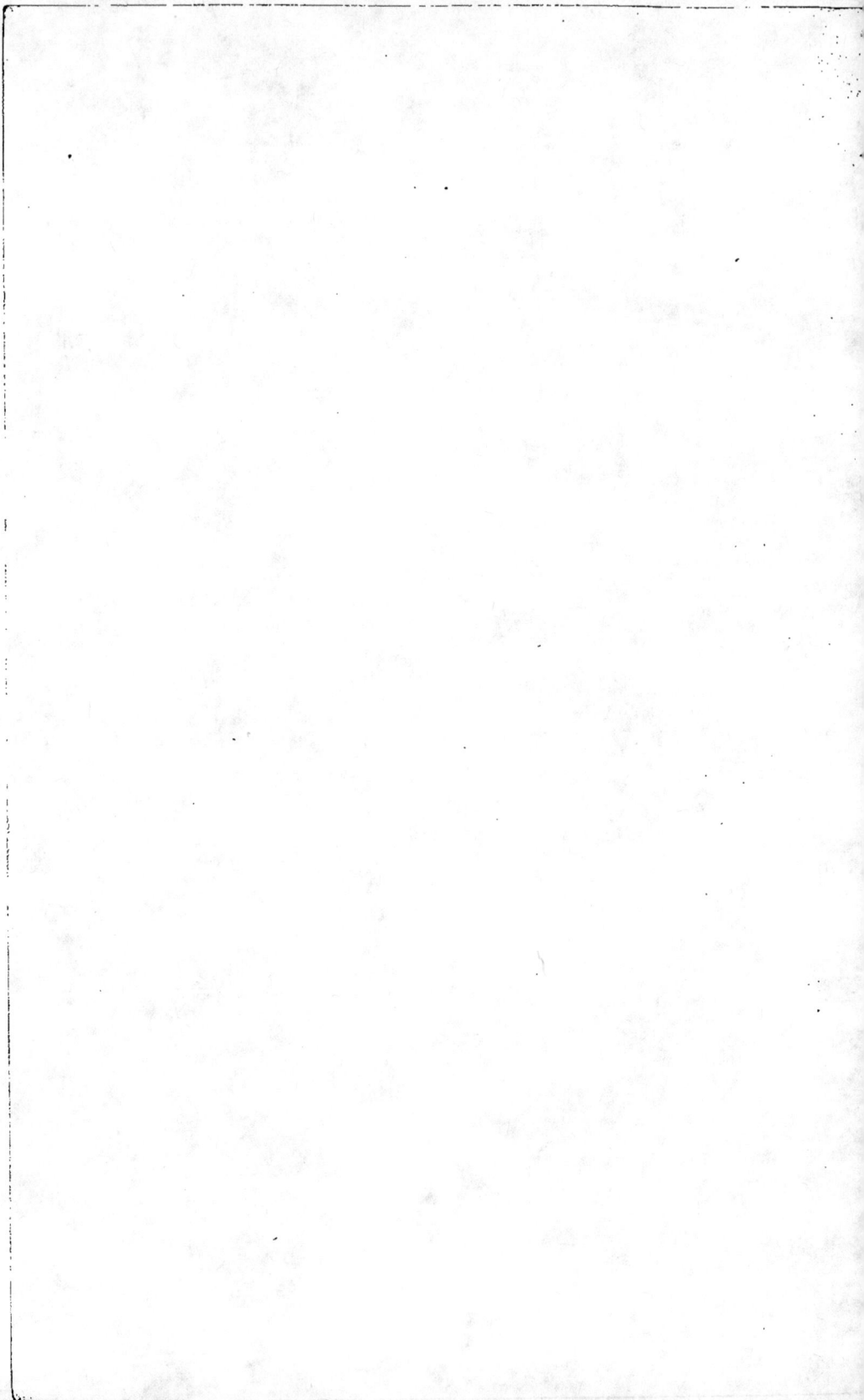

LE

MARÉCHAL NIEL

SON RETOUR DE PARIS A BORDEAUX

ET

A TOULOUSE.

SES DERNIÈRES ÉTAPES

SA DERNIÈRE CAMPAGNE : MURET !

Rome. — Algérie. — Bomarsund. —
Crimée. — Italie. — France !

1802-1869.

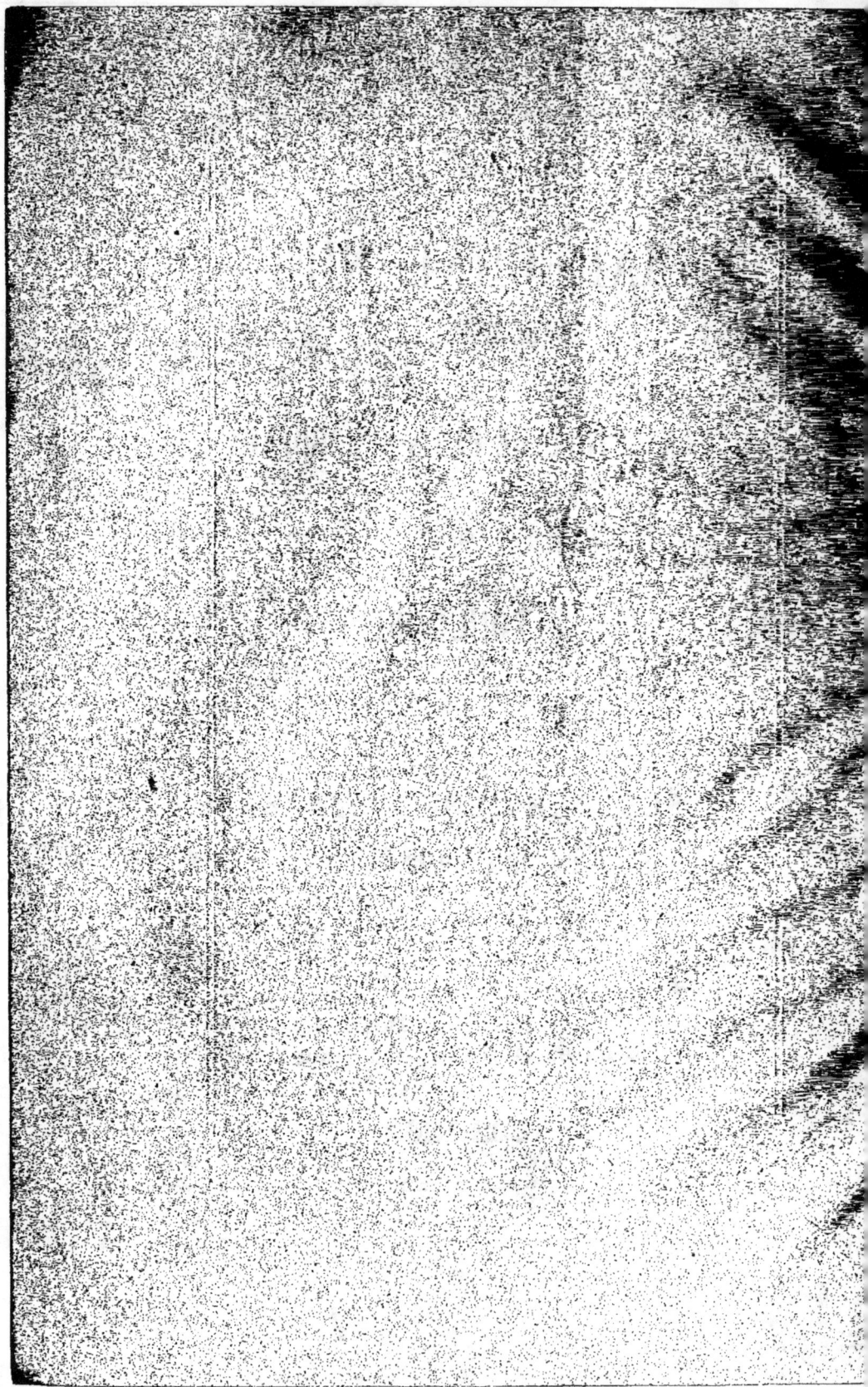

A<small>DOLPHE</small> NIEL

Grand'croix de la Légion-d'Honneur, Ministre secrétaire d'État de la guerre

Né à Muret (département de la Haute-Garonne), le 4 octobre 1802

Décédé à Paris le 14 août 1869

« MARÉCHAL DE FRANCE ! »

« SA VISITE D'ADIEUX A BORDEAUX ET A TOULOUSE »

SES DERNIÈRES ÉTAPES. — SA DERNIÈRE CAMPAGNE :

MURET.

Le 14 août 1869, S. Exc. le Maréchal Niel a rendu son âme à Dieu.

Depuis quelques semaines l'existence de ce vaillant Soldat, de ce Maréchal illustre, était sérieusement menacée. — La science, épuisant avec autant de tact que de dévouement ses plus précieuses ressources, était impuissante à conjurer un mal cruel qui ne devait pas pardonner !

Tous ceux qui ont été admis auprès du Maréchal Niel durant ces heures de souffrances aiguës stoïquement traversées : tous ceux qui ont pu contempler la physionomie du grand Capitaine luttant avec la mort, conserveront vivante et forte, l'image de cet homme éminent qui, après avoir vécu en bon citoyen, a tenu à mourir en Soldat courageux, en Chrétien et en Croyant !

Il était écrit que la lutte devait être inégale entre le corps et la maladie ! Aussi le Maréchal ne se faisant pas d'illusion s'est-il préparé à une séparation devenue nécessaire, impérieuse, et quelque amère qu'ait dû être, en ce moment suprême, pour son cœur d'Epoux, de Père, de Parent et d'Ami, l'heure de la résignation, l'heure du suprême adieu, il l'a vue approcher avec le courage du Chrétien et du Soldat qui, pour la première fois, dans sa longue et brillante carrière, est mort sur la brèche en rendant ses armes.... à Dieu seul !

Dépeindre la douleur, les angoisses violentes de toute cette Famille entourant le lit du Maréchal afin de recueillir pieusement le dernier soupir de son âme, ce serait une tâche au-dessus de nos forces : bien plus, ce serait porter une main inconsciente, profane, sur un tableau d'intérieur qui n'appartient qu'à la Maréchale Niel et à ses Enfants !

Tous les soldats, en France, tous les Maréchaux, s'endorment du même sommeil ; leur physionomie martiale reflète les mêmes sensations, accuse les mêmes croyances finales !

Qui a vu mourir S. Exc. le Maréchal Niel, a vu mourir tous les grands Capitaines qui l'ont précédé dans la tombe. Pour nous qui n'avons pu être admis, en ces heures de détachement suprême des choses terrestres, qu'auprès d'un seul Maréchal de France et qui lui étions attaché par les liens les plus forts et les plus doux, par le sang et par la reconnaissance (1), nous n'avons pas oublié, nous nous rappelerons sans cesse que chez Nous les Guerriers voient la mort approcher sans forfanterie et sans faiblesse. — Chez eux le cœur peut tressaillir au souvenir de la Famille, du Souverain ou du

(1) Le Maréchal Bugeaud, duc d'Isly, mort à Paris, en juin 1849 !

Pays dont ils sacrifient, pour la première fois, les tendres caresses, la cause sainte, mais ils savent se résigner puisqu'ils vont pouvoir encore servir le Maître des Maîtres !

Il serait hors de propos, inutile même, d'établir, dès ce moment, l'état des Services militaires du Maréchal que la France a perdu d'une façon aussi brusque qu'imprévue. Ses Services sont inscrits en lettres de feu aux Archives de la Guerre et chacun peut-être certain, pour peu qu'il les consulte, de retrouver le jeune Officier du Génie noté pour de hauts faits d'armes, pour des actions d'éclat.

Les obsèques ont eu lieu à Paris, le 18 août. — Le récit suivant que nous empruntons au *Journal officiel* place sous nos yeux, l'ensemble le plus complet de cette imposante et douloureuse cérémonie :

Les obsèques de S. Exc. M. le maréchal Niel, ministre de la guerre, sénateur, grand-croix de l'ordre impérial de la Légion d'honneur, ont été célébrées hier.

Le corps de l'illustre défunt, exposé en chapelle ardente, était placé sous un catafalque entouré de candélabres et de lampes funéraires ; la façade de l'hôtel du ministère de la guerre était couverte de draperies noires portant des écussons aux armes du maréchal Niel.

Les insignes du défunt, voilés d'un crêpe, étaient placés en avant du catafalque.

A midi, les autorités civiles et militaires remplissaient les salons de réception du ministère de la guerre, où des places étaient réservées pour chacune d'elles, et S. Exc. le maréchal Canrobert, commandant les troupes désignées pour rendre les honneurs militaires, entrait à cheval dans la cour de l'hôtel, entouré de son état-major.

A midi un quart, le corps du maréchal était descendu de l'estrade, et placé sur un char funèbre attelé de six chevaux richement caparaçonnés.

Le deuil était conduit par M. Léopold Niel, sous-lieutenant, élève à l'École impériale d'état-major, et par M. le comte Duhesme, chef d'Escadrons au 2e régiment de hussards, fils et gendre du maréchal, suivis de leur famille.

Les cordons du poêle étaient tenus par : S. Exc. le maréchal Vaillant, sénateur, membre du conseil privé, grand maréchal du palais, ministre de la Maison de l'Empereur et des beaux-arts ; S. Exc. l'amiral Rigaul, de Genouilly, sénateur, ministre de la marine et des colonies, chargé par intérim du département de la guerre ; S. Exc. M. Rouher, président du Sénat ; Son Excell. M. Schneider, président du Corps législatif.

L'Empereur s'était fait représenter par S. Exc. M. le duc de Combacérès, sénateur, grand-maître des cérémonies, et par Son Exc. M. le général de division prince de la Moskowa, sénateur, aide de camp de Sa Majesté, grand veneur.

L'Impératrice, par M. le baron de Pierres, son grand écuyer.

LL. AA. II. le Prince Napoléon et la Princesse Clotilde par M. le colonel Ragon, aide de camp, et par M. Viollot, officier d'ordonnance.

S. A. I. la Princesse Mathilde, par M. le général de division Chauchard, son chevalier d'honneur.

Le corps diplomatique s'était rendu directement à l'église ; on remarquait parmi ses membres :

S. Exc. Mgr. Chigi, nonce du Saint-Siége apostolique ; LL. Exc. le prince Metternich-Vineburg, ambassadeur d'Autriche ; Djemil Pacha, ambassadeur de Turquie ; lord Lyons, ambassadeur d'Angleterre ; l'aide de camp général comte de Stackelberg, ambassadeur de Russie ; M. Salustiano de Olozaga, ambassadeur d'Espagne ; et la plupart des ministres plénipotentiaire accrédités près de l'Empereur.

A midi et demi, le cortége s'est mis en marche dans l'ordre suivant :

Deux escadrons de cavalerie de la garde impériale avec état-major et aigle ; une brigade d'infanterie de la garde impériale ; un bataillon et un escadron de la garde de Paris : une compagnie des sapeurs-pompiers de la Ville de Paris ; le maréchal commandant le 1er corps d'armée et son état-major ; le char funèbre ; les gens de service et domestiques de la maison du défunt ; le cheval de bataille que le maréchal montait à Solférino ; un officier en manteau portant les pièces d'honneur ; un maître des cérémonies.

Les représentants de l'Empereur et de la famille impériale ; la famille du défunt ; les aides de camp et officiers d'ordonnance du maréchal ; le personnel de son cabinet ; un maître des cérémonies ; LL. Exc. les ministres et les membres du conseil privé ; LL. Exc. les maréchaux Regnaud de Saint-Jean-d'Angély, commandant en chef la garde impériale, et Bazaine, commandant le 3e d'armée ;

Les députations du Sénat, du Corps législatif, du Conseil d'Etat, de la Cour de cassation, de la Cour des comptes ; les députations du Conseil supérieur de l'instruction publique, de l'Institut, de la Cour impériale, du Tribunal de première instance ;

Les préfectures de la Seine et de police ; le corps

municipal ; l'administration centrale de la guerre ; le tribunal de commerce ; la chambre des prudhommes ; les Facultés de l'Académie de Paris ; le corps des ponts et chaussées et des mines ; les justices de paix ; les ministres des différents cultes ; les administrations centrales des divers ministères ;

Les Ecoles militaires d'état-major, polytechnique, spéciale militaire de Saint-Cyr, de médecine et de pharmacie ; le conseil de santé et la commission d'hygiène hippique ; les députations de la garde nationale, de la garde impériale, du 1er corps d'armée, de la garde nationale mobile ; une division d'infanterie du 1er corps d'armée, deux batteries d'artillerie, un régiment de cavalerie avec tat - major e aigle.

Le cortége funèbre s'est rendu à l'hôtel impérial des Invalides en passant par les rues Saint-Dominique-Saint-Germain et de Solférino, le boulevard Saint-Germain, le quai d'Orsay et l'esplanade des Invalides ; la haie était ormée sur son passage par des troupes d'infanterie de la garde impériale et de la ligne.

Le cortége a été reçu à la grille d'honneur par M. le général commandant l'Hôtel, accompagné de son état-major ; dans la cour de l'Hôtel, les invalides formaient la haie jusqu'à l'entrée de l'église ; un peloton de quarante hommes armés de lances précédait le char funèbre.

Le clergé des Invalides attendait le corps à l'entrée de l'église et l'a conduit sous un dais surmonté d'un baldaquin aux armes du maréchal.

L'église et les bas-côtés étaient tendus de noir et ornés d'écussons rappelant les principaux faits d'armes du maréchal Niel : Constantine, Rome, Bomarsund, Sébastopol, Magenta et Solférino. Dans le chœur étaient placés : à gauche, les représentants de l'Empereur et de la famille impériale ; à droite, S. Exc. Mgr l'archevêque de Paris avec ses grands vicaires.

Le service divin a été célébré par le curé de l'église des Invalides ;

L'absoute a été dite par M. l'archevêque de Paris.

Les membres du corps diplomatique ont tenu à accompagner le cortège qui, après la cérémonie religieuse, s'est dirigé vers la grille d'honneur, et quelques-uns d'entre eux ont assisté au défilé.

Le char funèbre a été placé en dehors de cette grille, et les troupes, massées à droite et à gauche de l'esplanade des Invalides, ont défilé, sous les ordres de S. Exc. le maréchal Canrobert, devant le corps de l'illustre défunt.

Après ce défilé, les restes mortels du maréchal Nie ont été déposés sous le dais, jusqu'au moment où ils ont été conduits à la gare du chemin de fer d'Orléans, pour être inhumés à Muret (Haute-Garonne), dans un caveau de famille.

1re Etape. — PARIS

C'est ici que commence le deuil de la famille et que les amis, groupés autour d'elle, durant ces longues heures de course rapide à travers la voie ferrée, s'efforcent à l'envi mais en vain, d'adoucir l'amertume qui oppresse le cœur du fils et du gendre du Maréchal, dirigeant, muets, consternés, la marche du convoi !

Les ombres de la nuit ne dissimulent qu'imparfaitement le funèbre cortège et de gare en gare, on entend les passants ou les curieux se redire à voix basse : Le

Ministre de la guerre, Adolphe Niel, va goûter au sein de la famille, à Muret, le repos si bien gagné par les labeurs d'une vie de travail et de constantes fatigues.

2e Etape. — BORDEAUX.

A l'aube matinale, la ville de Bordeaux, et près d'Elle son grand fleuve, couvert de mille maisons flottantes, se détachent à l'horizon ! — Le Maréchal se réveille en revoyant une Cité de lui bien aimée et l'écho de la rive lui apporte un souvenir de ces Palus fertiles de Montferrand où il aimait tant, chaque année, à aller s'épancher et se refaire au sein de la famille et de l'amitié.

Le convoi se remet en marche : son allure a quelque chose de strident, de lugubre. Un instant on cotoie la *Gironde* et les bâtiments amènent spontanément leur pavillon, leurs vergues s'inclinent comme en un jour de deuil public. — Successivement on passe devant Marmande, Agen, Montauban, et voici, devant nous, Toulouse, la grande Ville, qui fut le siége de l'un des grands Commandements de l'illustre Défunt !

3e et 4e Etape. — TOULOUSE et MURET.

Aujourd'hui, à 1 heure 45 minutes, sont entrées en Gare du Chemin de fer du Midi, à Toulouse, les dépouilles du Maréchal Niel !

Le Maréchal ne préside plus, depuis quelques heures, à la direction si importante de notre appareil militaire. C'est Dieu qui l'a voulu et ses décrets sont impénétrables ! Acceptons-les sans murmurer !

Le département de la Haute-Garonne et Toulouse, son centre et sa vie, sont en deuil !

A l'heure où nous écrivons, 1 heure et demie, les abords de la Gare du Chemin de fer du Midi, le pont de Riquet-Caraman, disparaissent sous les flots pressés d'une population émue et profondément triste.

Dans 30 minutes, un Serviteur de l'Etat, un Enfant du pays : S. Exc. le Maréchal Niel, va passer devant Toulouse hélas ! pour la dernière fois !

D'où vient le Maréchal ? Où va-t-il ? Il est venu de Muret, il retourne à Muret !

Que demande-t-il au Chef-lieu de son département, en passant : Il demande ce qu'on va lui donner, à lui l'Enfant du pays :

Un salut militaire !

A Paris, hier, on lui a rendu les honneurs prescrits par le décret de Messidor an XII. — Aujourd'hui il ne se présente à Toulouse que sous la forme du voyageur qui entreprend le dernier voyage ! — Il passe devant Toulouse, et Toulouse est fière de s'incliner même devant son ombre.

Des députations officielles, des délégués, des représentants de toute la Société Toulousaine, des hommes graves, des oisifs, sont là, depuis longtemps, dans l'attente du grand événement du jour !

Il est 1 heure 45. — Le train est en Gare : Il va partir, entrainant la dépouille d'un bon citoyen, d'un homme qui est parti modestement de la ville natale et qui y revient à la fin de sa vie, qui y revient, aujourd'hui, avec le Bâton de Maréchal enfermé dans son cercueil.

Si des honneurs militaires spéciaux n'ont pas été rendus au Maréchal de France, à son passage à Toulouse, c'est que les honneurs prescrits par le décret de Messidor lui ont été rendus, hier à Paris, avec la pompe consacrée en de telles et en de si douloureuses circonstances.

Nous avons remarqué durant le temps d'arrêt réglementaire, que les membres des familles Niel, Maillères, Castéja, Duhesme, et, à leur tête, le fils du Maréchal, le lieutenant d'Etat-Major, Niel (Léopold), étaient accueillis par les Autorités militaires, civiles, judiciaires, en un mot, par le tout Toulouse, avec les marques de la plus vive sympathie et la plus respectueuse déférence.

M. le général de Division Le Bœuf, Commandant Supérieur de la 12e division militaire et du 6e corps d'Armée, et, à sa suite, un nombreux et brillant Etat-Major (où nous avons crayonné à la hâte, les noms de M. le Général Schmitz, chef d'Etat-Major de la division supérieure, de M. le général vicomte d'Ouvrier de Villegly, de MM. les Colonels St-Rémi et vicomte Toussaint ; de M. le Colonel du Génie Mondain ; de M. le Lieutenant-Colonel Fourchault, chef d'état-major de la 12e division militaire ; du chef de bataillon Truchy, commandant le 72e de ligne ; du Capitaine Maffre, commandant le 19e bataillon de chasseurs à pied ; de M. de Waru, Lieutenant au 1er régiment de hussards, Officier d'ordonnance du commandant en chef du 6e corps et de beaucoup d'autres Officiers appartenant à la division Militaire de Toulouse), sont allés à la rencontre de la famille du Maréchal accompagnant sa triste dépouille.

L'échange des compliments de condoléances s'est fait entre la famille de nombreux et fidèles amis, en présence de MM. le Baron Dulimbert, Préfet de la Haute-Garonne ; Léo Dupré, Procureur-Général près la Cour de Toulouse ; de M. le baron de Malaret, ambassadeur de France à St-Pétersbourg ; de MM. les Députés marquis de Campaigno, Piccioni, Tron, comte d'Aiguesvives ; des Membres du Conseil général ; de M. Sacase, Président de Chambre; Escudié, Conseiller ; Auger, Avocat-Général ; d'Orgères, Sous-Préfet de Villefranche ; des

Conseillers de Préfecture ; de M. le vicomte d'Arros, chef du cabinet du Préfet ; de M. de Carbonnel, Trésorier Payeur-Général , etc. !

Nous avons remarqué à côté des principaux membres de la famille, venus de Paris, pour entourer jusqu'à sa dernière demeure le vaillant Maréchal : M. le Commandant d'Etat-Major Corbin et d'autres officiers supérieurs attachés à la maison militaire de S. Exc. le Ministre de la Guerre.

M. le Général de division comte de Lorencez, en tournée d'inspection générale, avec son aide-de-camp, M. le Capitaine d'état-major, Masson, n'avait pu venir saluer S. Exc. le maréchal Niel.

Toute la famille militaire, civile et judiciaire était donc réunie à la Gare, et de nombreux amis, contristés, allanguis, ont attendu dans le silence et le deuil, que le signal du départ fût donné !

A deux heures, le train a continué sa marche ; le Maréchal dormait et sa ville natale, en habit de deuil, l'attendait à Muret.

M. le Sous-Préfet de l'arrondissement , le Conseil municipal de la ville de Muret, Messieurs les Maires du canton d'Auterive, représentés au Conseil général de la Haute-Garonne par le Maréchal Niel, attendaient en gare le funèbre convoi.

Personne n'a oublié au sein du Conseil général, de cette Assemblée d'élite, l'aménité, le tact si délicat, la constante bienveillance, la haute impartialité de son Président qui savait si bien rendre l'examen des affaires publiques facile et lucide.

Monseigneur l'Archevêque de Toulouse, Mgr Desprez, doit procéder, à l'heure où nous parlons, à la levée du corps du défunt. Des discours sont prononcés ; des adieux suprêmes sont adressés au brillant capitaine, au citoyen intègre, à l'homme de bien qui, à l'instar des Maréchaux de France, a consacré sa vie, les forces vives de son intelligence et de son corps au service de l'Etat, au bien de tous.

M. le Général Le Bœuf, commandant en chef du 6e Corps, s'avançant alors vers la tombe entr'ouverte et se faisant, dans un mâle et fier langage, l'éloquent interprète de la grande famille militaire, s'est exprimé dans ces termes :

Messieurs,

Après les honneurs publics qui ont été rendus à l'homme illustre que nous pleurons, je viens dans cette cérémonie moins solennelle, mais touchante par sa spontanéité, devant cette tombe que le Maréchal a choisie pour la dernière demeure de sa dépouille mortelle, je viens unir les profonds regrets du 6e corps d'armée à ceux d'une famille éplorée et rappeler, en quelques mots, une vie si pleine de faits, qui désormais appartient à l'histoire.

Né à Muret, le 4 octobre 1802, Niel, après de fortes études dans les Colléges de Toulouse et de Paris, fut admis, à 19 ans, à l'École polytechnique. Entré dans le génie avec le premier numéro de sa promotion, et nommé Capitaine en 1831, il s'était déjà fait remarquer par sa haute intelligence et son initiative, lorsqu'en 1837 il fut attaché à l'expédition de Constantine. Employé activement aux travaux du siége, il se signala surtout dans les luttes sanglantes de l'assaut, en dirigeant à gauche de la brèche, à travers les maisons, une marche méthodique qui, en tournant les défenseurs, décida leur retraite. Cette habile manœuvre valut au capitaine Niel le grade de chef de bataillon.

Dans ce nouveau grade, Niel, qui avait su inspirer une grande confiance aux généraux commandant la province et qui en reçut plusieurs missions spéciales, prit au développement de notre domination sur la terre africaine une part plus large que ne le comportait sa position de simple chef du génie.

Rappelé en France pour concourir aux travaux des fortifications de Paris, il fut, en 1848, nommé colonel du 2e régiment du génie, et en 1849 général de brigade à la suite du siége de Rome, où comme chef d'état-major du génie il avait rendu des services qui lui valurent l'honneur d'être délégué pour porter au St-Père les clefs de la Ville Éternelle.

La direction du service du génie au ministère de la guerre lui fut confiée à son retour d'Italie; puis il fut appelé au Conseil d'État, où son expérience pratique des affaires, mise en lumière par une élocution facile et persuasive, fit sensation.

Élevé, en 1853, au grade de général de division, le général Niel reçut, en 1854, le commandement du génie du corps expéditionnaire chargé d'opérer dans la Baltique, et dirigea les travaux du siége de Bomarsund, brillant fait d'armes qui frappa par sa hardiesse et sa rapidité.

Du fond de la Baltique, les pensées de Niel se reportaient souvent vers le pays natal, et il lui envoyait, comme souvenir, la croix d'or du dôme de Bomarsund, que l'on conserve religieusement dans l'église de Muret.

Nommé, bientôt après, aide de camp de l'Empereur et envoyé en mission en Crimée, il y acquit une légitime autorité; et lorsque le regrettable général Bizot, dont il avait su ménager la position avec un tact parti du cœur, succomba glorieusement, Niel lui succéda dans le commandement en chef du génie devant Sébastopol, et prit la direction supérieure de ce siége sans précédent, où, en raison de circonstances impérieuses, les méthodes d'attaque et de défense sortant des règles traditionnelles, exigèrent une grande fécondité de ressources chez les chefs du génie.

Rappelé près de l'Empereur après la prise de Sébastopol, le général Niel consacra sa haute intelligence à la rédaction du précis historique des opérations du génie devant Sébastopol, ouvrages pleins d'utiles enseignements, monument durable élevé à la gloire de l'armée d'Orient et particulièrement aux services rendus par le génie, qui, comme toujours, avait si bravement et si largement payé sa part de sang dans cette célèbre action de guerre.

Ces services hors ligne, qui avaient fait ressortir à un haut degré les aptitudes éminentes du général Niel, avaient appelé sur lui toute l'attention du Souverain. Dans la campagne d'Italie, l'Empereur lui confia le commandement d'un de ses corps d'armée, et jamais confiance ne fut plus hautement justifiée.

L'histoire a déjà enregistré la part glorieuse prise par le 4e corps et par son vaillant chef à la mémorable bataille de Solférino, où, pendant piusieurs heures, ils eurent à résister aux efforts de trois corps autrichiens, tandis que l'Empereur préparait le mouvement décisif sur Solférino.

C'est sur ce champ de bataille, illustré par tant d'actes de dévouement, que l'Empereur conféra au général Niel la plus haute dignité de l'armée.

A la paix, le nouveau Maréchal fut investi du commandement du 6e corps, dans le pays même où son enfance s'était écoulée, au milieu de populations juste-

ment fières de son illustration. Vous savez tous avec
quelle supériorité il remplit ces fonctions.

Heureux de se retrouver au milieu des siens, il n'aurait pas songé à s'en éloigner, si par un nouveau témoi-
gnage de sa haute estime, l'Empereur ne lui avait
confié le portefeuille de la guerre.

Ici, Messieurs, commence pour le Maréchal une ère
de travail incessant, opiniâtre, qui n'exigeait pas moins
que toutes les éminentes facultés de sa riche nature.

» Atteint déjà de la terrible maladie qui vient de nous
l'enlever, le maréchal faisait taire ses cruelles souffrances, pour ne songer qu'aux devoirs impérieux de la
tâche immense qui lui incombait. Il imposait silence
même à ses affections les plus chères, et l'on sait avec
quelle énergique résignation il comprimait de poignantes
douleurs, lorsqu'un frère et une sœur tendrement aimés,
lui étaient ravis en quelques heures. C'est peut-être la
plus grande preuve d'abnégation que le maréchal ait pu
donner dans sa longue carrière.

» Je ne mettrai pas sous vos yeux le tableau des actes
accomplis dans son ministère de trente mois. Cette administration habile et ferme, qui s'est signalée par l'intelligence pratique, en ce qui concerne les choses, par une
haute équité, en ce qui concerne les hommes, fut
féconde en améliorations, en créations, qui ont accru la
puissance militaire de la France et contribué à maintenir
son influence dans le monde. Et maintenant que je vous
ai retracé trop brièvement sans doute cette noble et
laborieuse existence, toute consacrée au bien de l'Etat,
que vous dirai-je de ses derniers moments? Ferme, calme
et digne, le maréchal attendit la mort en chrétien,
entouré de tous les siens et cherchant à soutenir le cou-

rage de la noble compagne de sa vie et de ses enfants, au désespoir.

» Illustre et regretté Maréchal, l'Empereur perd en vous un serviteur vaillant et devoué, la patrie un de ses meilleurs citoyens ; mais vous ne mourrez pas tout entier ; votre souvenir vivra dans nos cœurs, et les exemples que vous léguez ne seront pas perdus.

» Adieu, Niel, adieu. »

Ce discours si substantiel de M. le Commandant Supérieur du 6e Corps a été écouté dans le plus profond recueillement. — Pouvait-il en être autrement : le Ministre de la guerre, lui-même, Adolphe Niel, venait d'entendre l'un des Représentants les plus autorisés de l'armée retracer les pages si brillantes de sa vie des Camps et, jusque dans son linceul, nous avons cru le voir tressaillir !

M. Henry, Président du Tribunal civil de Muret, au nom du Premier Magistrat de la commune, empêché, a salué une dernière fois, dans les termes les plus distingués, l'homme qui a été et qui sera toujours l'orgueil de son pays natal.

Les prières de l'Eglise terminées, Mgr de Toulouse a étendu sa main, prononcé l'absoute, adieu suprême du Représentant vénéré de l'Eglise, à l'homme, au Maréchal de France, qui n'a jamais relevé que de sa conscience et de sa droiture !

A ce moment solennel, la foule immense qui s'était groupée dans le Cimetière s'est mise, pour ainsi dire, à onduler : chacun voulait arriver au premier rang, s'incliner sur les bords de la tombe qui allait à jamais se refermer !

La famille du Maréchal, elle-même, n'a pu se dérober à tant de marques de tendresse respectueuse, de pieuse déférence, données spontanément par le Peuple des Villes, et par le Peuple des Campagnes qui ne refusent jamais (quoi qu'on puisse dire et écrire), le sang généreux de leurs Enfants, quand le Gouvernement de l'Empereur le leur demande au nom des Nations opprimées, au nom des Peuples en décadence et, pour tout dire, au nom de la France !

C'est alors qu'au sein de ces masses populaires s'est élevé un cri suprême de douleur et à ce cri de douleur, Adolphe Niel a répondu, d'une voix étouffée par les sanglots !

Soudain, les yeux de tous ont saisi, dans l'espace, l'ombre nébuleuse du Maréchal et il nous a été donné de le voir Debout sur le Plateau de Lannemezan et passant la Grande Revue d'Honneur !

Tout le monde connaît ou devrait connaître le Camp de Lannemezan, afin de comprendre à quels travaux sévères, depuis deux ans, ont été soumis nos soldats. Il suffit, en effet, de parcourir ce Plateau des Hautes-Pyrénées placé à plus de 660 mètres au-dessus du niveau de la Mer, pour deviner que la vie militaire, au Camp, comme partout, est l'école du devoir, de la patience courageuse et de l'abnégation.

Le Plateau sur lequel est assis le Camp n'est pittoresque que par l'immense horizon qui se déroule sous les yeux du spectateur et qui lui permet d'embrasser tour à tour le Pic du Midi, le Canigou, ces Titans Pyrénéens, etc. On rencontre çà et là, des bruyères, des ajoncs épineux : le pied des soldats, le sabot des chevaux ont parfois à souffrir quelques meurtrissures ; mais ce

2

sont là bien entendu les plus petites misères de la vie quotidienne au Camp.

Aujourd'hui, plus que jamais, nous nous rappelons que c'est à l'initiative personnelle du Maréchal Niel que nous devons l'installation dans nos contrées méridionales du Camp de Lannemezan. — Le Maréchal, durant son commandement du 6e Corps d'Armée, à Toulouse, avait compris que si, à Châlons, les Troupes cantonnées dans le Nord se trouvent à proximité d'un Camp d'Instruction, il était de nécessité rigoureuse que nos Régiments, stationnant dans le Midi, eussent à leur portée leur Camp d'études ou d'exercices militaires.

C'est donc au Maréchal Niel qu'appartient l'initiative de cette utile création, et Toulouse se rappelle que le lendemain de son entrée au Ministère il demanda à l'Empereur (dont les vues personnelles et celles du Maréchal étaient identiques), de vouloir bien signer le Décret qui autorisait l'établissement immédiat du Camp de Lannemezan.

Le Conseil Municipal de Lannemezan ne cédant, en cette circonstance, qu'à un sentiment de patriotisme sincère et de pur dévouement donnait à l'Etat la jouissance des terrains de ce plateau agreste dont la libre disposition, dès la première heure et pour toujours, ne coûte et ne saurait rien coûter au budget de l'Etat, au budget du Peuple Français.

En 1868 (juillet et août), environ 9,000 hommes de Troupes appartenant aux diverses armes, ont été sous la haute direction de M. le Général de Division, Comte de Lorencez, sous les yeux de leurs chefs respectifs, exercées au maniement des nouvelles armes et à la stratégie moderne. — Dès la première heure, M. le Général

de Lorencez ne s'inspirant que de son initiative personnelle ou obéissant aux ordres de S. Exc. le Ministre de
la Guerre, a présidé à l'ensemble des manœuvres, des
Travaux militaires avec autant d'activité que de pénétration intelligente et dévouée.

Ce n'est pas l'heure de faire l'éloge de l'homme éminent qui commande l'une des plus belles Divisions de
l'Armée Française. — Ses Etats de service, mieux que
la plume du Chroniqueur, sont là pour attester que la
direction du Camp n'aurait pu, dès la première heure,
être confiée à des mains plus sûres et plus expérimen-
tées.

En 1869, le Camp est commandé par M. le général
Picard, qui s'est éloigné momentanément de Bordeaux,
de la 14e Division militaire, pour présider aux opérations
stratégiques du camp de Lannemezan !

Après ces détails de nature diverse, rassemblés pour
saluer la dépouille mortelle d'un Grand Capitaine, il
ne nous reste plus qu'à emprunter au *Journal officiel* un
exposé succint et complet de la vie si bien remplie
d'Adolphe Niel, le vaillant Soldat, le Maréchal sans peur
et sans reproche !

« Chaque jour, dit le *Journal officiel*, cette grande existence se compte par un service rendu au pays, et, dès le
commencement de son règne, le Prince avait su distinguer
le brillant colonel pour l'élever successivement jusqu'au
faîte de la hiérarchie militaire, et pour l'appeler à prendre dans les conseils de la Couronne la part due à une
carrière glorieuse et à un grand caractère.

Adolphe Niel, d'une très-honorable famille du Midi,

distinguée par les armes et dans la magistrature, naquit
à Muret, le 4 octobre 1802.

Sorti de l'Ecole polytechnique en 1823, et entré le
premier de sa promotion pour l'arme du génie à l'Ecole
d'application, ses premières années, d'abord comme lieutenant au 3ᵉ régiment, puis comme capitaine dans diverses fonctions de l'état-major, furent tout entières consa-
crées à l'étude des détails du service et à des travaux
spéciaux de son arme. Dès lors se révélaient ses qualités
militaires et son aptitude d'ingénieur.

Des mémoires importants, dont plusieurs insérés au
Mémorial de l'officier du génie, très remarqués dès cette
époque, le firent désigner pour l'Algérie, en 1837, alors
que l'on cherchait, en vue de la seconde expédition de
Constantine, les officiers du génie dont la réputation était
le mieux établie pour en doter l'état-major du corps
expéditionnaire.

Le siége de Constantine fut le point de départ de la
brillante carrière à laquelle était appelé le capitaine Niel;
il y rendit les plus importants services et se signala
d'une manière toute particulière, lors de l'assaut, par
l'intelligence et la hardiesse avec lesquelles il sut, à la
tête d'une petite colonne de sapeurs, tourner les défenses
intérieures de la place.

Sa promotion au grade de chef de bataillon fut la
récompense méritée de sa belle conduite pendant cette
campagne, l'une des plus rudes et des plus justement
célèbres dans les fastes de notre armée d'Afrique.

Appelé en 1840, à participer aux travaux des fortifications de Paris, où s'exécutèrent sous sa direction
les beaux ouvrages qui entourent et protégent Saint-
Denis, nommé lieutenant-colonel en 1842, il prit en

1846, comme colonel, le commandement du 2e régiment du génie.

Peu de colonels dans l'armée ont exercé sur le corps qu'ils commandaient l'ascendant qu'avait su prendre le colonel Niel sur le régiment qui lui était confié. Aussi, en 1848, en garnison dans le Midi, au milieu d'une population dont les passions follement surexcitées pouvaient faire redouter tous les excès, parvint-il, par son attitude froidement énergique et par celle de sa troupe, à contribuer de la manière la plus efficace au maintien de l'ordre; le deuxième régiment du génie sut traverser cette période si difficile de nos troubles politiques sans que jamais la moindre hésitation se manifestât dans ses rangs; la discipline n'y fut pas ébranlée et le colonel ne cessa pas un instant d'y être respecté et ponctuellement obéi.

Le colonel Niel ne se sépara de son régiment que pour aller au siège de Rome, en 1849, remplir les fonctions de chef d'état-major du génie. A ce siège, il fut ce que promettait le jeune officier de Constantine : un officier du génie accompli, prompt à prendre une détermination, intrépide dans les circonstances où il fallait brusquer un coup de main.

Aussi, tous applaudirent au choix que fit le général en chef en chargeant le colonel Niel d'aller porter au Saint-Père les clefs de la capitale du Saint-Siége reconquise par nos armes.

Quelque temps après, le général Niel recevait sa nomination de général de brigade et était investi du commandement du génie à l'armée expéditionnaire de la Méditerranée.

Chargé, l'année suivante, de la direction du service du

génie au ministère de la guerre, le général Niel réunit à
ces importantes fonctions la tâche non moins ardue de
défendre, au sein des commissions et devant l'Assemblée
législative, en qualité de délégué du ministre, les intérêts
si nombreux de son département.

Alors se révèlent un esprit d'observation supérieur,
une pénétration vive, beaucoup de sang-froid, de finesse
et d'à-propos, dons précieux de la nature, que développe
l'éducation et qui, réunis à un savoir étendu , le rendait
plus propre que tout autre à bien s'acquitter d'une mist
sion que, dans les circonstances du moment, le moindre
incident pouvait rendre plus particulièrement délicate.

La rare aptitude dont il fit preuve dans la défense de
ces intérêts le désigna, des premiers, au choix du chef
de l'Etat, lors de la réorganisation du Consiel d'Etat,
en 1852. Il fut nommé, en effet, le 26 janvier, conseiller
d'Etat en service ordinaire hors section, titre qu'il a con-
servé jusqu'à son élévation au Sénat, en 1857.

Là, transporté au milieu de cette réunion d'hommes
supérieurs à tant de titres, il y fit preuve de ces qualités
d'administrateur consommé, de praticien rompu aux
affaires, d'orateur entraînant et convaincu, qui en ont
fait depuis le ministre éminent si apprécié au Corps
législatif et au Sénat, et dont nous portons aujourd'hui le
le deuil.

Pendant ces cinq années de présence au conseil d'Etat,
sauf les interruptions provoquées par la guerre d'Orient,
le général n'est resté étranger à aucune des grandes
affaires portées devant ce conseil.

La loi sur les pensions civiles, la modification de la
loi sur l'avancement de l'état-major de l'armée navale,
le décret portant délimitation de la zone frontière , le

classement des fortifications, les servitudes imposées à la propriété autour des places de guerre, les budgets, la loi sur la dotation de l'armée, le Code de justice militaire pour l'armée de terre, durent souvent, au concours de ses lumières, de voir apporter dans leur texte des modifications utiles.

En 1853, il avait été promu général de division.

Membre, depuis 1851, du comité des fortifications, sans qu'il eût quitté le conseil d'Etat, sa facilité pour le travail lui permettait de mener de front ces multiples fonctions tout en continuant de procéder aux inspections générales qu'il devait passer chaque année, et dont les rapports sont des modèles de clarté, de précision, remplis d'aperçus judicieux et profonds.

En 1854, lorsque éclata la guerre contre la Russie, le général Niel partit pour la Baltique comme commandant le génie du corps expéditionnaire chargé de détruire Bomarsund.

Cette forteresse, investie le 1er août, se rendit le 16 devant des attaques conduites avec une hardiesse incontestable, mais en même temps avec toute la sagesse que commande le soin de se montrer avare du sang de nos soldats.

C'est au retour de cette expédition que l'Empereur, si bon juge du mérite de ses généraux, et qui venait d'élever le général Niel au grade de grand officier dans l'ordre de la Légion d'honneur, voulut encore l'attacher à sa personne en le nommant son aide-de-camp par décret du 8 janvier 1855.

Le lendemain, le général partait en mission spéciale pour la Crimée, et quatre mois après il était investi du commandement en chef du génie de l'armée d'Orient, en remplacement du général Bizot, tué dans la tranchée devant Sébastopol.

Sébastopol! cette page si glorieuse pour l'armée, et dans laquelle le corps du génie en particulier s'est montré si prodigue de son sang comme de sa science, sera l'éternel honneur du général qui, avec tant de constance, de courage et de dévouement, dirigea les travaux de ce siége formidable , unique dans l'histoire du monde.

Nul mieux que le général Niel n'était en mesure d'en retracer les phases; c'est ce qu'il fit dans un ouvrage remarquable qui , sous le titre modeste de *Journal des opérations du génie au Siège de Sébastopol*, restera comme un mouvement élevé à la gloire des armes françaises.

Au lendemain de la prise de Sébastopol, le général Niel avait reçu la grand'croix de la Légion-d'Honneur. Dès ce moment, les fonctions qu'avait remplies le général Niel et la supériorité de talent qu'il y avait déployée marquaient sa place au rang des généraux en chef.

Aussi la guerre de 1859 le trouve-t-elle à la tête du 4e corps de l'armée d'Italie, non plus pour concourir à un siége ou diriger les travaux spéciaux de son arme, mais prêt à déployer sous les yeux et sous les ordres directs de l'Empereur les talents du généra d'armée.

Le grand rôle joué par le 4e corps à la bataille de Solférino est présent à toutes les mémoires, et cette belle journée valut à son chef le bâton de maréchal de France.

Pourvu à son retour en France du commandement du 6e corps d'armée à Toulouse, l'illustre maréchal tout en s'occupant activement de la direction des affaires militaires relevant de ce grand commandement, se faisait rendre compte avec le plus grand soin de la situation générale du pays, et étudiait par lui-même toutes les questions d'intérêt civil, agricole, industriel ou commercial de la région.

Commandant le camp de Châlons en 1865, les instructions données à ses troupes pour leur enseigner tout le parti à tirer de leur réunion dans les camps en vue de les préprarer à la pratique de la guerre ont fait école.

Dans les courts loisirs que lui laissait le commandement du 6e corps, son esprit se portait de préférence vers l'étude des questions militaires, qui avaient fait l'objet des occupations de toute sa vie, et plus particulièrement de celles qui se rapportent au recrutement, à l'organisation des armées modernes, questions dont sa haute prévoyance lui faisait sentir toute l'opportunité.

Les nécessités surgies des événements de 1866, imposant à la France comme à toutes les grandes puissances de l'Europe l'obligation d'asseoir sur des bases plus étendues, plus solides, l'organisation des formes nationales et de perfectionner son armement, ne le prirent donc pas au dépourvu.

Appelé par la confiance du souverain à prendre en main la direction de cet immense travail de réorganisation militaire, le Maréchal Niel, dès son arrivée au ministère, au mois de janvier 1867, se mit immédiatement et résolument à l'œuvre.

L'histoire dira avec quelle activité, quelle persévé-
rance, quelle force de volonté, quelle merveilleuse
fécondité de ressources, le maréchal Niel, entrant profondément dans la pensée de l'Empereur, est parvenu à
résoudre se problème, jusqu'alors réputé insoluble, de
doubler les forces militaires de la France, non-seulement
sans augmenter ses charges en temps de paix, mais en
les allégéant pour les familles et en diminuant les dépen-
ses du trésor.

Rappelons ici ce qui a été fait; le tableau est assez
grand pour pouvoir se passer de commentaires.

Une armée de ligne de 750,000 hommes disponibles
pour la guerre, près de 600,000 hommes de garde
nationale mobile, l'instruction dans toutes ses branches
poussée à un degré inconnu jusqu'ici; nos règlements
militaires remaniés et mis en rapport avec les exigences
nouvelles, les conditions de l'existence du soldat et de
l'officier largement améliorées, l'avenir des sous-officiers,
qui ne veulent pas suivre les chances qui leur sont largement ouvertes dans la carrière militaire, assuré par
leur admission aux emplois civils; 1,200,000 fusils
fabriqués en moins de dix-huit mois, les places mises
en état et armées, les arsenaux remplis, un matériel
immense prêt à suffire à toutes les éventualités, quelles
qu'elles soient; et, en face d'une telle situation, la France
confiante dans sa force, garantie solide de la paix!

Tous ces grands résultats obtenus en deux années.

Quel plus bel héritage un sujet peut-il laisser à son
Prince, un citoyen à sa patrie, un père à ses enfants. »

Le Maréchal Niel a attaché son nom à des Réformes
capitales, à des améliorations incontestables qui accusent

chez le grand Capitaine un coup d'œil aussi sûr que profond.

Le Soldat n'oubliera pas que si, rentré au Camp, après les semestres que le Ministre de la Guerre accordait avec une libéralité grande, il était soumis dès le jour même (et c'était juste), à d'actifs et rudes exercices compensant les heures de repos, de liberté accordées à la famille, aux champs qui les avaient vu naître !

Les Officiers de toute Arme se rappelleront avec gratitude que le Ministre, Adolphe Niel, leur a imposé des travaux quotidiens, sévères et tout nouveaux, des conférences, des études spéciales sur l'art militaire qui reposent l'esprit de la monotomie des garnisons, de ces longues insomnies plus redoutées par eux tous que la vie des Camps, et son travail quotidien, incessant.

Par la multiplicité des semestres, le Maréchal avait voulu dégrèver le Budget militaire ; par les travaux imposés aux chefs, il n'avait poursuivi que le bien-être moral et physique de cette grande famille qui ne forme qu'un tout hiérarchique, l'Armée.

Enfin, pourquoi ne pas tout dire : le Maréchal, en créant Lannemezan, avait ordonné qu'aucun apprêt, qu'aucune disposition spéciale n'y fût faite. Il tenait, et jusqu'à sa mort, il a eu soin de veiller à ce que les troupes arrivassent au Camp, à l'improviste, pour ainsi dire, afin d'être toujours prêtes du Nord au Midi, de l'Ouest à l'Est, à poser leur tente, du soir au matin, sans embarras et avec entrain et dextérité.

L'Empereur Napoléon III le sait! Il vient de perdre un confident sûr, un ami de tous les jours, qui a apposé sa signature au bas du récent et populaire Décret d'Amnistie, comme codicille, pour ainsi dire, à ses dispositions suprêmes !

C'est par un acte de mansuétude, de généreuse fraternité que le Maréchal, Niel a terminé sa vie ! — Le département de la Haute-Garonne ne saurait l'oublier, pas plus que le département de la Gironde, qui fut le pays d'adoption de Son Excellence !

Au nom de la France, au nom du pays natal, nous adressons un Adieu profondément triste, profondément Reconnaissant, à celui qui n'est plus et qui entre désormais dans les souvenirs et dans les pages les plus illustres de l'histoire contemporaine ! Et en nous séparant du Maréchal, notre Compatriote ; en lui adressant ce simple hommage de tendre respect et d'affection au nom de tous, et au nom des habitants de la Haute-Garonne, de cette contrée qui fut son berceau et qui a recueilli ses cendres refroidies, ne craignons pas d'ajouter que, dès ce moment, la vie publique du Maréchal appartient à l'histoire ! Elle seule est équitable et à l'abri des fluctuations souvent si intéressées du cœur et de l'esprit des hommes !

Que ceux qui, dans la vie politique, ont été en dissentiment avec cet homme illustre qui emporte, dans la tombe, notre admiration et notre respect, élèvent la voix. Ils le peuvent ! — Mais qu'ils veuillent bien se rappeler que si la critique est facile, le droit de la défense est imprescriptible et que lorsqu'ils auront parlé, nous nous réserverons le droit de la réplique (s'ils sont des adversaires de bonne foi.)

Pour nous, hélas, qui n'avons pas, comme le Maréchal Niel, accompli notre tâche, sachons attendre notre heure dernière et demandons à Dieu de ne nous inspirer que d'aussi nobles exemples !

Puisse-t-on dire des générations à venir et de nous, ce que je dis hautement de S. Exc. le Maréchal Niel : — Il eut la passion de l'honnêteté, de l'honnêteté qui fait les hommes et qui, seule, les fait.

DANIEL DE Mc-CARTHY, avocat.

www.ingramcontent.com/pod-product-compliance
Lightning Source LLC
Chambersburg PA
CBHW060750280326
41934CB00010B/2423